VRAIment VRAI?

Catalogage avant publication de Bibliothèque et Archives nationales du Québec et Bibliothèque et Archives Canada

Beaudin-Quintin, Chélanie

Vraiment vrai?

ISBN 978-2-89435-539-8 (v. 1)
ISBN 978-2-89435-540-4 (v. 2)

1. Curiosités et merveilles. 2. Excentricité. I. Girard, Mathieu. II. Titre.

AG243.B42 2011   001.94   C2011-941053-2

Le Conseil des Arts du Canada
The Canada Council for the Arts

SODEC
Québec

Patrimoine canadien   Canadian Heritage

La publication de cet ouvrage a été réalisée grâce au soutien financier du Conseil des Arts du Canada et de la SODEC. De plus, les Éditions Michel Quintin reconnaissent l'aide financière du gouvernement du Canada par l'entremise du Fonds du livre du Canada pour leurs activités d'édition.

Gouvernement du Québec – Programme de crédit d'impôt pour l'édition de livres – Gestion SODEC

ISBN 978-2-89435-540-4

Dépôt légal – Bibliothèque et Archives nationales du Québec, 2011
Dépôt légal – Bibliothèque et Archives Canada, 2011

Éditions Michel Quintin
C.P. 340, Waterloo (Québec)
Canada J0E 2N0
Tél.:   450 539-3774
Téléc.: 450 539-4905
editionsmichelquintin.ca

1 1 - W K T - 1

Imprimé en Chine

CRÉDITS PHOTOGRAPHIQUES

Les photos créditées ci-dessous ont été modifiées:

p. 7 (voiture) Michal Zacharzewski; p. 9 (zèbre) Søren Faurby; p. 14 (chaloupe) Harald Tjøstheim; p. 16-17 (rats) Vladimirs Prusakovs; p. 32-33 (cheval) Ines Morgenstern; p. 36-37 (pieuvre) Dmytro Tkachuk; p. 46-47 (chèvre) Serghei Starus.

VRAIment VRAI?

TOME 2

Mathieu Girard

Chélanie Beaudin-Quintin

VRAI

Des histoires incroyables
en direct du monde entier.
Vous n'en croirez pas vos yeux !
Âmes sensibles, s'abstenir...

Regarde maman,
un cerf-volant !

UN CERF AU VOLANT

LUBLIN, POLOGNE – 2009

Un homme risque cinq ans de prison pour cruauté envers les animaux et possession illégale d'un animal sauvage. M. Kaminski a dit avoir aperçu, en se rendant à son travail, un cerf inerte sur la voie d'accotement. Le croyant mort, il l'a ramassé, l'a mis dans sa voiture et s'est rendu au boulot. Un peu plus tard, alerté par le bruit, un passant a découvert l'animal qui, sans s'en rendre compte, appuyait sur le klaxon du véhicule. Plus chanceux que le propriétaire de la voiture, l'animal a recouvré sa liberté.

LE ZÈBRE, NOUVEL AMI DES BRIGADIERS

LA PAZ, BOLIVIE – 2009

À La Paz, le gouvernement a décidé de venir en aide à des adolescents en difficulté et, du même coup, d'améliorer la fluidité de la circulation automobile. Les jeunes, dont la plupart vivent dans la rue, sont recrutés par la Fondation des jeunes victimes souffrant de problèmes sociaux de La Paz. Ils aident les piétons à traverser la rue et sont facilement reconnaissables à leur costume zébré.

UN DÉTENU SE FAUFILE ENTRE LES BARREAUX DE SA CELLULE

FINNMARK, NORVÈGE – 2007

Détenus pour vol dans une prison du nord de la Norvège, deux hommes ont tenté une évasion spectaculaire un 24 décembre au soir. Après s'être enduit le corps d'huile, le premier a réussi à se glisser à travers les barreaux de sa cellule et à s'enfuir. Son complice, un peu plus corpulent, a eu moins de chance puisqu'il est resté coincé après avoir fait passer sa tête et une partie de son épaule.

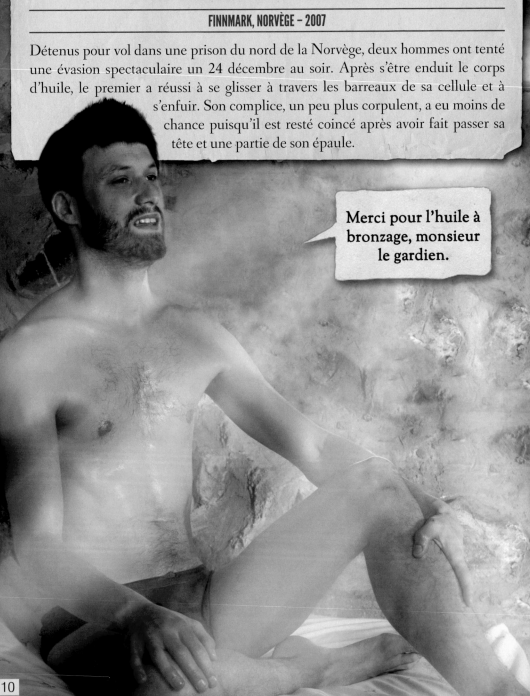

Merci pour l'huile à bronzage, monsieur le gardien.

UN HOMME EST ARRÊTÉ AU VOLANT D'UN TABOURET DE BAR

OHIO, ÉTATS-UNIS – 2009

Kile Wygle a fabriqué un tabouret de bar motorisé pouvant atteindre 60 km/h. Alors qu'il rentrait chez lui après une soirée bien arrosée, l'homme au volant de son tabouret a eu un accident et a dû être conduit à l'hôpital. Même s'il a prétendu avoir consommé ses 15 bières après l'accident, pour calmer son mal de tête, l'individu de 28 ans a écopé d'une amende pour ivresse au volant.

UNE CHALOUPE TROP RAPIDE

NEW YORK, ÉTATS-UNIS – 2007

Un citoyen américain reçoit une série de photos captées par des caméras de surveillance, accompagnées d'une amende de 50 $ pour excès de vitesse. L'homme se défend bien d'avoir commis ce délit puisqu'il était en vacances dans l'Ouest américain au moment de la prise des clichés. Raison de plus, le véhicule immatriculé à ce numéro est en fait une vieille chaloupe en aluminium entreposée au fond de sa cour depuis des années. Les preuves de Russel Falkena étaient solides, et les autorités n'ont pu faire autrement que de lui donner gain de cause.

UNE VILLE TROUÉE

BRÊME, ALLEMAGNE – 2006

À la nuit tombée, des voleurs auraient sillonné les rues de la ville de Brême pour s'emparer d'une cinquantaine de plaques d'égout. Comme cela représentait un véritable danger pour les piétons, les cyclistes et les automobilistes, la situation a rapidement été corrigée par les autorités municipales. Peu de temps après le méfait, les couvercles de fonte d'une trentaine de kilos chacun ont été retrouvés chez un marchand de ferraille qui les avait achetés pour quelques centaines d'euros sans trop se questionner sur leur provenance.

Ouille !
Je vous avais prévenus !

DANS L'ŒIL D'UN PAON

SOMERSET, ROYAUME-UNI – 2007

Une pancarte à l'entrée du domaine de Sir Benjamin Slade met en garde les visiteurs contre un paon pour le moins affectueux ! Le volatile aurait attaqué la voiture bleue d'un des employés de Sir Slade. À la suite de cet assaut, la voiture aurait subi assez de dommages (bosses et égratignures) pour justifier qu'un de ses côtés soit repeint en entier. Sir Slade a bien tenté de convaincre son assureur de la véracité des faits en lui expliquant que ce paon n'avait jamais été attiré par les femelles brunes, mais plutôt par les autres mâles. Pris d'une pulsion incontrôlable, l'oiseau aurait tenté de s'accoupler avec la voiture bleue.

ATTENTION
Ne pas avaler.

AVERTISSEMENT

CALIFORNIE, ÉTATS-UNIS

Vu sur un emballage d'hameçons : « Peuvent causer des blessures si avalés. »

Ils nous prennent vraiment pour des idiots !

Mais, j'ai vraiment faim, moi !

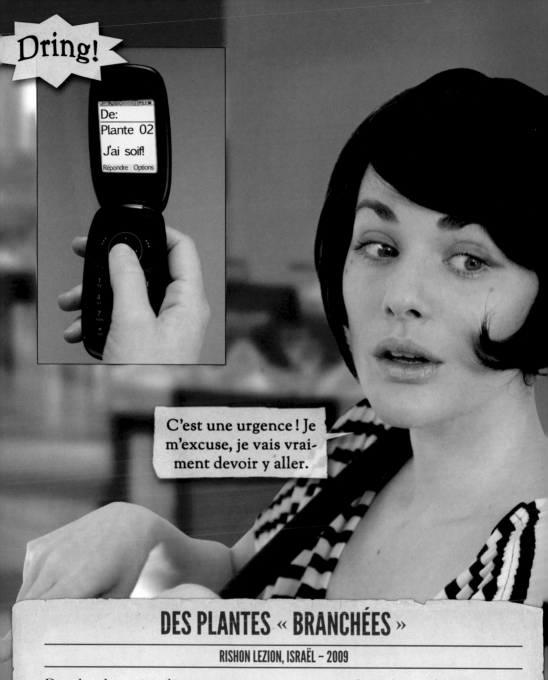

Dring!

De:
Plante 02
J'ai soif!
Répondre Options

C'est une urgence ! Je m'excuse, je vais vraiment devoir y aller.

DES PLANTES « BRANCHÉES »

RISHON LEZION, ISRAËL – 2009

Des chercheurs israéliens ont conçu un petit appareil qui détecte le niveau d'eau dans les plantes. Quand la terre est trop sèche, le dispositif envoie un message texte sur le téléphone cellulaire ou l'ordinateur personnel du propriétaire de la plante. Les Drs Eran Raveh et Arie Nadler ont passé sept ans à mettre au point leur invention. Le but premier de ce dispositif est de contribuer à réduire la consommation mondiale d'eau.

Bonnes vacances !

EN CONSTRUCTION

UNE MAISON DISPARAÎT

RAFINA, GRÈCE – 2009

Le propriétaire d'une maison préfabriquée a eu la surprise de sa vie en constatant que la demeure qui lui servait de résidence secondaire avait disparu. Selon les policiers, les voleurs ont dû utiliser une grue pour dérober la maison en prenant soin de ne rien laisser derrière eux. Aujourd'hui encore, le mystère reste entier puisque l'enquête n'a pas permis de retrouver ni les voleurs ni la maison, pas plus que son contenu.

Déjà de retour ?

UN PIPELINE ILLÉGAL

LETTONIE ET RUSSIE – 2006

À la frontière russo-lettone, des gardes frontaliers ont découvert un système de contrebande audacieux, jamais observé dans l'ancienne république soviétique. Un pipeline de plus d'un kilomètre servait au transport d'eau-de-vie russe vers la Lettonie. Un homme a été arrêté et deux tonnes d'eau-de-vie ont été saisies dans une maison en Russie.

DES INSECTES QUI METTENT L'EAU À LA BOUCHE

Dans plusieurs pays du monde, les insectes sont au menu. Cette pratique, nommée entomophagie, pourrait offrir une solution à la malnutrition puisque les insectes sont riches en protéines et en vitamines. Les criquets d'Afrique, les sauterelles et les grillons sont les insectes les plus consommés dans le monde pour leur goût de noisette. Au Venezuela, on déguste volontiers des mygales. En Amérique du Sud, on fait rôtir ou l'on enrobe de chocolat les fourmis parasol pour les manger au cinéma à la place du traditionnel maïs soufflé.

Mexique

Buffet à volonté !

CAVALIÈRE EN ÉTAT D'ÉBRIÉTÉ

SAINT-TITE, CANADA – 2009

Alors que le Festival Western de Saint-Tite battait son plein, une cavalière a été arrêtée dans le stationnement de l'église. Ayant remarqué sa façon particulière de se tenir à cheval, sa bouche pâteuse et ses yeux rouges, les policiers ont déclaré Mme Gauthier inapte à mener sa bête. Bien qu'elle ait signifié son intention de rentrer à pied en marchant à côté de l'animal, la femme n'a pu éviter l'amende. L'affaire s'est poursuivie en cour, mais la cavalière n'a pas obtenu gain de cause.

UN VOLEUR DE PONT

MOSCOU, RUSSIE – 2007

La police de la région de Riazan vient de mettre la main au collet de l'auteur d'un vol insolite. L'homme aurait dérobé un pont d'une longueur de 5 mètres. Pour réussir cet exploit, il aurait coupé la structure en morceaux avant de charger les pièces sur un véhicule lourd. Le but de l'exercice était de s'enrichir de la revente du métal.

PIEUVRE VIVANTE AU MENU

CORÉE DU SUD

Les Coréens raffolent des petites pieuvres, qu'ils dégustent vivantes. La technique la plus efficace pour réussir à manger une pieuvre vivante est d'enrouler ses tentacules sur une baguette de bois. L'animal est ensuite trempé dans la sauce et avalé en une seule bouchée.

C'est ce qu'on appelle avoir les yeux plus grands que la panse !

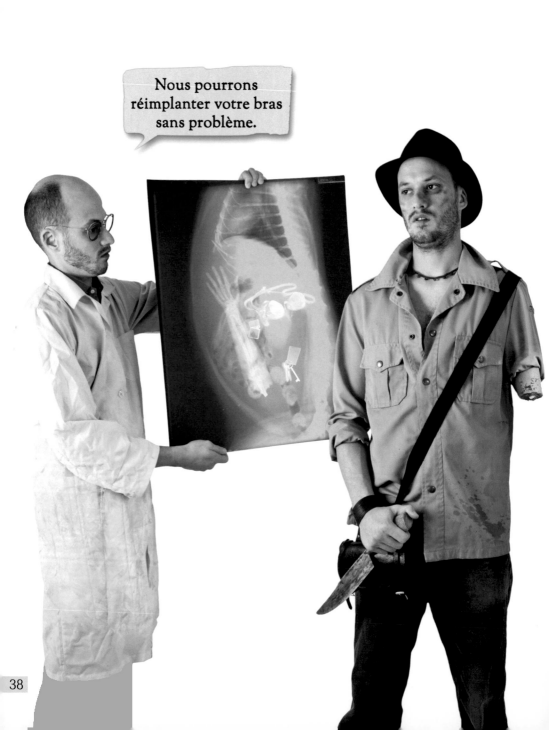

UNE PLONGÉE QUI LUI COÛTE UN BRAS

CAROLINE DU SUD, ÉTATS-UNIS – 2007

Un homme qui faisait de la plongée dans un lac de la Caroline du Sud a été attaqué par un alligator qui lui a arraché un bras. Bill Hedden a été transporté rapidement à l'hôpital. La victime a pu subir une réimplantation grâce à l'intervention rapide des agents de la faune qui ont abattu l'animal et récupéré le membre qu'il avait ingurgité.

UN DÉPUTÉ DANS LES POMMES

POLOGNE – 2009

Arrêté en état d'ébriété, un député du parlement polonais se montre étonné que son taux d'alcool dans le sang dépasse la limite permise. Il aurait raconté aux policiers que son taux d'alcoolémie n'avait rien à voir avec la boisson, mais plutôt avec les pommes. En effet, l'homme a expliqué qu'il avait mangé beaucoup de ces fruits avant de prendre le volant et qu'à cause de son diabète, les pommes avaient fermenté dans son estomac, ce qui avait pu fausser le résultat de l'alcootest. L'histoire ne dit pas si les policiers l'ont cru !

Je vais vous expliquer, monsieur l'agent !

Vous voyez, c'est pas compliqué !

L'ODEUR DES ŒUFS POURRIS REND « PUISSANT »

NAPLES, ITALIE – 2009

D'après des chercheurs de l'université de Naples, l'odeur des œufs (provenant du sulfure d'hydrogène qu'ils contiennent) pourrait susciter l'excitation sexuelle chez les hommes. Publiée dans la revue *Proceedings of the National Academy of Sciences*, l'étude explique que le gaz qui cause l'odeur des œufs, et encore plus fortement celle des œufs pourris, agit sur les neurotransmetteurs et dilate les vaisseaux sanguins. L'œuf serait-il le rival du Viagra ?

Ce n'est pas grave, ça peut arriver à tout le monde.

UNE CHÈVRE EN PRISON POUR AVOIR VOLÉ UNE VOITURE

NIGERIA – 2009

Une chèvre a été mise en état d'arrestation pour tentative de vol de voiture. Des individus qui s'apprêtaient à voler une automobile ont été surpris par des témoins. Ces derniers ont affirmé que, pour s'échapper, l'un des malfaiteurs s'était transformé en chèvre en ayant recours à la magie noire. Étant donné que les autorités n'ont aucun moyen de prouver ces dires et que, de toute façon, aucune enquête sérieuse ne saurait être fondée sur de telles affirmations, la chèvre a été mise en détention le temps que l'on trouve une solution au problème.

3'5"

348624-567-04

3'5"

3'0"

348624-567-04

FUITE D'UN PRISONNIER FUTÉ

CHARLESTON, ÉTATS-UNIS – 2007

Un détenu de 24 ans a réussi à s'évader en obstruant les toilettes de la prison. Pendant la pause déjeuner, l'incident a pris tout le monde par surprise. La toilette s'est mise à déborder, alors notre homme a demandé la permission d'aller chercher des linges dans la camionnette de la police. Tandis qu'on s'affairait à nettoyer les dégâts, Wayne Mitchell s'est rendu chez le concessionnaire d'automobiles situé non loin de là et, sous prétexte de vouloir examiner une voiture, a réussi à en obtenir les clés. L'escapade a été de bien courte durée, puisque le lendemain les policiers ont mis la main au collet de l'homme qui s'était réfugié… chez son père !

Youhouuuu !

49

L'ODEUR DE SON MARI POUSSE UNE FEMME AU DIVORCE

LE CAIRE, ÉGYPTE – 2007

Une Égyptienne exaspérée des odeurs nauséabondes que dégageait son mari a convaincu le tribunal de lui accorder le divorce. Malgré les demandes incessantes de sa femme, l'enseignant de 39 ans, qui avait boycotté savon et dentifrice, ne se lavait jamais. La dame, qui vivait ce calvaire au quotidien, a refusé toute possibilité d'arrangement avec le tribunal familial. Le juge n'a pas eu d'autre choix que de prononcer le divorce.

52

LA LOI C'EST LA LOI

ROYAUME-UNI

Une vieille loi toujours en vigueur au Royaume-Uni permet à une femme enceinte de se vider la vessie n'importe où. Elle peut même utiliser le casque d'un policier si elle en fait la demande.

Une petite chaussette aux pommes, m'sieur l'agent ?

DES BAS BIEN ALCOOLISÉS

WALKERTON, CANADA – 2007

Un jeune Canadien est arrêté en état d'ébriété. Pris de panique, il a préféré manger ses chaussettes plutôt que de passer l'alcootest. La presse locale ajoute que son désarroi l'aurait même poussé à plonger la tête dans la cuvette des toilettes. Manifestement, l'individu était prêt à tout pour éviter de souffler dans le ballon.

Toutes ces histoires m'ont ouvert l'appétit.

UN JOUR FÉRIÉ POUR ENGENDRER DE FUTURS PATRIOTES

OULIANOVSK, RUSSIE – 2007

Les dirigeants de la région d'Oulianovsk, en Russie, ont déclaré le 12 septembre « Journée de la communication familiale ». Cette date-là, les bibliothèques offrent des conférences pour les futurs parents, des séances de lecture dont le thème est « Mon futur petit frère » et les musées organisent des visites sur le thème de l'amour et de la famille. Des déclarations d'amour portant le slogan « Donner naissance à un patriote » peuvent être acheminées gratuitement. Cette idée ingénieuse aurait été mise en place pour contrer le vieillissement de la population, plus important depuis la chute de l'URSS. Ainsi espère-t-on avoir plus de patriotes pour fêter la journée nationale qui leur est consacrée neuf mois plus tard, le 22 juin.

CHERCHER UNE AIGUILLE DANS UNE... FESSE

SHENGZHOU, CHINE – 2009

Souffrant d'une grippe, Loa Du se rend chez son médecin qui lui propose un médicament injectable. L'homme accepte. Pendant la piqûre, la pointe de l'aiguille se brise et reste fichée dans la fesse du patient. L'homme est transféré à l'hôpital mais, après neuf jours d'hospitalisation, les médecins n'ont toujours pas réussi à localiser la pièce. Trente et un ans plus tard, alors qu'il est assailli de douleurs aiguës, l'homme doit subir une opération. Cette fois, après trois heures de recherche, les médecins trouvent enfin le morceau d'aiguille et l'extirpent de la fesse du patient.

C'est comme chercher une aiguille dans une botte de foin !

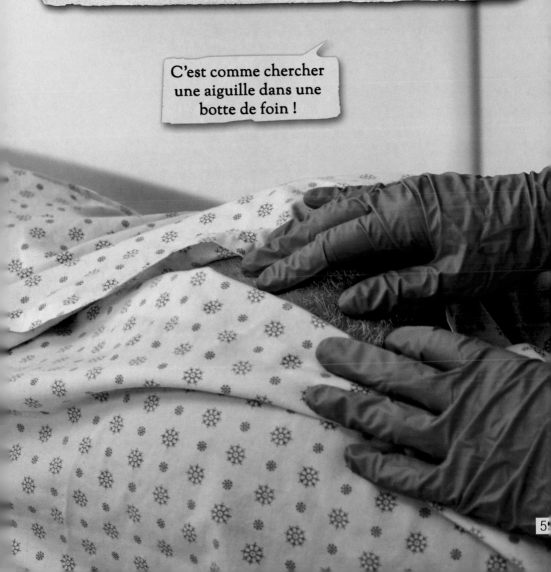

Rien d'anormal, il n'y a aucune trace d'effraction.

Génération Mode

Pourriez-vous...

Non, je ne suis pas en service.

ERRURIER

DES CAMBRIOLEURS FUTÉS

COLMAR, FRANCE – 2007

Victime de voleurs astucieux, le propriétaire d'une boutique de vêtements de marque se fait dérober pour plus de 100 000 euros de marchandise. Alerté par la centrale un dimanche matin, le commerçant se rend à sa boutique. Arrivé sur place, il tente de déverrouiller la porte pour vérifier l'intérieur du commerce, mais sa clé ne fonctionne pas. Étant donné qu'il n'y a aucun signe d'entrée par effraction, l'homme qui se croit victime d'une fausse alerte rentre chez lui en se promettant de vérifier ses clés. Dès qu'il a libéré les lieux, les voleurs se présentent à la boutique pour cambrioler en paix. Avant de quitter l'endroit, ils laissent, sur le pas de la porte, la serrure qu'ils s'étaient donné la peine de remplacer.

AVERTISSEMENT

Vu sur une perceuse électrique : « Ce produit n'est pas conçu pour être utilisé comme perceuse dentaire. »

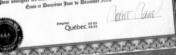

Cours Professionnel en ~~Arts~~ dentisterie

Ce document est pour confirmer que

Gérard Lachance

A complété avec succès le programme de formation *dentisterie*

Conseiller(ère) Professionnel(le) en ~~Arts~~

Et en reconnaissance de ce fait, je soussigné remets ce

Diplôme

Pour souligner les efforts et détermination du (de la) candidat(e).
Émis ce Douzième Jour de Décembre 2008

Emploi Québec

Références   lubrifiants   Pinces   Perceuse dentaire   broches

TOME 1

TOME 2